*Genussmomente*

# VEGAN

EMF

EIN BUCH DER
EDITION MICHAEL FISCHER

# INHALTS-VERZEICHNIS

# GRUNDLAGEN

# VEGAN – ESSEN GANZ OHNE TIER

## WAS BEDEUTET VEGAN ESSEN?

Vegane Ernährung heißt: Verzicht auf tierische Produkte. Weder Fleisch, Fisch, Meerstiere, Milch(-Produkte), Eier und Honig stehen auf dem Speiseplan. Bei Beschränkung auf unverarbeitete Produkte ist das einfach: Vegan sind alle pflanzlichen Lebensmittel wie Gemüse- und Obstsorten, Getreide, Hülsenfrüchte, Nüsse, Saaten und reine Pflanzenöle. Schwieriger wird es bei verarbeiteten Lebensmitteln: Pasta gibt es mit und ohne Ei, Backwaren werden oft mit Eiern, Milch, Butter oder Schweineschmalz hergestellt, Süßigkeiten enthalten häufig Milch oder Gelatine (aus Knochen hergestellt), Wein und Essig wird teils mit Gelatine geklärt. Bei vielen Fertigprodukten muss zusätzlich das Verzeichnis der enthaltenen Inhaltsstoffe studiert werden. Hinter den Bezeichnungen mancher Zusatzstoffe verbirgt sich nämlich ebenfalls Tier: E 441 steht beispielsweise für Gelatine und E 901 für Bienenwachs.

**Darum:** Um zweifelsfrei vegan zu essen, am besten auf verarbeitete Lebensmittel verzichten. Dann ist klar, dass kein Tier auf dem Teller landet – und auch keine anderen unnötigen oder sogar ungesunden Inhaltsstoffe.

## WARUM VEGAN ESSEN?

**Unsere Art zu essen hat Auswirkungen auf uns, unsere Umwelt und das Klima.**

Viele von uns sehen immer deutlicher, wie sehr unsere Ernährungsgewohnheiten Anteil an Ressourcenverschwendung, Klimawandel und Umweltzerstörung haben. Die Produktion von Lebensmitteln, ihr Transport, ihre Zubereitung und Lagerung verursacht in Deutschland jährlich ebenso viel schädliches $CO_2$ wie Verkehr und Reisen. Wer also dem Klima zuliebe das Auto häufiger stehen lässt und sich aufs Rad schwingt, sollte auch darüber nachdenken, was morgen auf den Tisch kommt. Fleisch und tierische Produkte spielen hier eine zentrale Rolle. Sie sind in der Herstellung weitaus energieaufwendiger, weniger nachhaltig und verursachen in wesentlich höherem Maß schädliche Klimagase als pflanzliche Kost. Wer in Zukunft also nachhaltiger und besser essen möchte, der sollte (öfter mal) ganz ohne Tier essen.

## Zwei gute Gründe, vegan zu essen

### 1 Vegan hat die bessere Ökobilanz

Vor allem Milchkühe, aber auch alle anderen Nutztiere stoßen durch ihre Verdauung große Mengen klimaschädliches Methan aus. Durch die Umwandlung von Natur zu Weidefläche, Fütterung, Düngung, anfallenden Mist und Gülle werden zusätzlich klimaschädliche Gase wie z. B. Lachgas und $CO_2$ produziert. Besonders die Abholzung von (Regen-)Wald zugunsten von Weidefläche schadet doppelt: Sie setzt im Boden gelagertes $CO_2$ frei und zerstört Bäume, die in der Lage sind, $CO_2$ in Sauerstoff umzuwandeln.

Egal ob man den ökologischen Fußabdruck durch Treibhausgase oder die für die Produktion benötigte Menge an genutzter Fläche und Wasser anschaut: Pflanzliche Lebensmittel schneiden im Vergleich zu tierischen Produkten so gut wie immer, häufig sogar drastisch besser ab. In der Summe erzeugt z. B. jedes in Deutschland verkaufte Kilo Rindfleisch im Schnitt gut 12 Kilo $CO_2$ – eine Kartoffel dagegen gerade einmal 0,4 Kilogramm.

**Darum:** Vegan essen ist eine Ernährungsweise mit Zukunft – selbst wer nur ab und an ganz auf Tier verzichtet, isst nachhaltiger.

### 2 Vegan ist rundum gesund

Lange wurde fleischlose Kost als kritisch oder sogar gefährlich eingeschätzt. Heute sind sich Wissenschaftler im Prinzip einig: Auch Veganer können sich ausgewogen und ohne Mangelerscheinung ernähren. Im Gegenteil: Vegetarier und Veganer essen meist weniger Eiweiß und Fett, sind daher oft schlanker und weniger anfällig für Herz-Kreislauf-Erkrankungen und Diabetes. Das liegt aber nicht nur am Verzicht auf Tier. Durch vermehrten Verzehr von Gemüse, Obst und Vollkornprodukten sind sie meist besser mit Vitaminen und Mineralstoffen versorgt als Mischköstler. Prinzipiell gelten für Veganer

im Hinblick auf den Bedarf an Nährstoffen ähnliche Empfehlungen, wie sie die Deutsche Gesellschaft für Ernährung (DGE) auch für Vegetarier und Fleischesser vorgibt. Wer pflanzliches Eiweiß, komplexe Kohlenhydrate, Fette, Mineralstoffe und Vitamine gut kombiniert, ist rundum gut versorgt. Lediglich ein langfristiger Mangel an Vitamin $B_{12}$, das nur in tierischen Produkten vorkommt, stellt ein Problem für Veganer dar. Eine dauerhafte Unterversorgung kann zu irreparablen neurologischen Schäden führen. Deshalb wird bei ausschließlich veganer Ernährung zu Ersatz geraten: in Form von Vitaminersatzpräparaten oder z. B. auch in Form von mit $B_{12}$ angereicherten Sojaprodukten, pflanzlichen Milchersatzprodukten oder spezieller Zahnpasta.

**Darum:** Wer als Veganer auf einen ausgewogenen, guten Nährstoffmix achtet, dem fehlt prinzipiell nichts. Allerdings sollten alle, die längere Zeit vollkommen auf tierische Lebensmittel verzichten, regelmäßig ihre Versorgung mit Vitamin $B_{12}$ ärztlich testen lassen und gegebenenfalls nach ärztlicher Empfehlung für Ersatz sorgen.

# CLEVER TAUSCHEN

Wer vegan kocht, muss auf ein paar Dinge verzichten und dafür ein paar andere Zutaten im Schrank haben. Nicht nur um Tier gut zu ersetzen, sondern auch um möglichst viel Aroma in die Küche zu bekommen. In vielen Punkten ist es ganz einfach, tierische Produkte durch pflanzliche zu ersetzen! Mithilfe der folgenden Tabelle lassen sich Lieblingsrezepte ganz unkompliziert veganisieren.

| | |
|---|---|
| **MILCH** | Pflanzendrinks, z. B. aus Hafer, Soja, Mandel, Kokos, Haselnuss, Dinkel oder Reis |
| **SCHLAGSAHNE** | **Zum Kochen:** Kokosmilch, Pflanzensahne wie z. B. Soja-, Cashew- oder Hafersahne<br>**Zum Aufschlagen:** spezielle Sojasahne, fester Bestandteil der Kokosmilch (Kokosmilch in der Dose über Nacht kalt stellen, am nächsten Tag den festen, oberen Teil abnehmen und aufschlagen) |
| **JOGHURT** | Pflanzliche Alternativen z. B. aus Soja oder Kokos |
| **QUARK UND ANDERE FRISCHKÄSE WIE Z. B. RICOTTA** | Pflanzliche Quarkalternativen wie z. B. Mandel-Quark oder Seidentofu |
| **KÄSE** | Vegane Käsealternativen, z. B. Cashewkäse<br>Für Käse-Geschmack in Saucen oder anderen Gerichten Hefeflocken |
| **BUTTER ALS STREICHFETT** | Erdnuss- und Nussbutter, Avocado, pflanzliche Margarine (ohne gehärtete Fette), Kokosöl |
| **BUTTER ZUM KOCHEN UND BACKEN** | Pflanzenöle, pflanzliche Margarine (ohne gehärtete Fette) |

| | |
|---|---|
| **MAYONNAISE** | Vegane Mayonnaise z.B. auf Mandel- oder Seidentofubasis |
| **GELATINE** | Agar-Agar |
| **EIER** | **Zum Backen:** je nach Teigart Leinsamen- oder Chia-„Ei“, Sojamehl, „Ei-Ersatz“ aus dem Reformhaus oder Bio-Laden, Apfelmus, Bananenmus, Johannisbrotkernmehl, Tapiokastärke<br>**Für Aufläufe oder Quiches:** Seidentofu, pürierte Cashewkerne<br>**Für Rührei-Alternativen:** Seidentofu, Kichererbsenmehl<br>**Für Ei-Geschmack:** Kala Namak (indisches Steinsalz mit Schwefelgeschmack) |
| **HACKFLEISCH** | Haferflocken-„Hack“, Soja-„Hack“, gehackte und geröstete Nüsse, gehackte und gebratene Pilze |
| **FLEISCH, GEFLÜGEL, WURST** | Tofu, Seitan, Tempeh, gebratene Pilze, Jackfruit, Hülsenfrüchte, Nüsse |
| **SPECK** | Räuchertofu |
| **FISCH** | Für Fisch-Geschmack: Algen |
| **HONIG** | Agavensirup, Ahornsirup, Reissirup, Dattelsirup, Zucker |

# REZEPTE

# BANANA
## *Pancakes*

### FÜR 2 PORTIONEN

- 1 EL Leinsamen
- 2 weiche Datteln (z. B. Medjool)
- 1 reife Banane (ca. 100 g Fruchtfleisch)
- 60 g Buchweizenmehl
- 50 g Dinkelmehl
- 1 gehäufter TL Backpulver
- ½ TL gemahlener Zimt
- 1 Prise Salz
- 90 ml ungesüßter Haferdrink
- 2 EL Rapsöl
- Bananenscheiben und Dattel- oder Ahornsirup zum Servieren (nach Belieben)

### SO GEHT'S

**1** Die Leinsamen im Blitzhacker oder in einer Kaffeemühle fein mahlen, mit 3 EL heißem Wasser mischen und 20 Minuten quellen lassen.

**2** Inzwischen die Datteln entsteinen, grob würfeln, mit 50 ml Wasser aufkochen und etwas abkühlen lassen. Die Banane schälen, in grobe Stücke schneiden und mit den Datteln samt Flüssigkeit mit einem Stabmixer pürieren. Beide Mehlsorten, Backpulver, Zimt und Salz mischen.

**3** Mehlmischung, eingeweichte Leinsamen, Dattel-Bananen-Mix und Haferdrink zu einem glatten Teig verrühren. Das Öl nach und nach in einer großen beschichteten Pfanne erhitzen. Pro Pancake 1 gehäuften EL Teig in die Pfanne geben und etwas flach streichen. Pro Seite 3–4 Minuten goldbraun braten. Auf diese Weise ca. 8 Pancakes ausbacken. Die Pancakes nach Wunsch mit Bananenscheiben und Sirup servieren.

# SESAM

## *Waffeln*

### FÜR 8 STÜCK

- 3 EL geschrotete Gold-Leinsamen
- 100 g Haferflocken
- 100 g Dinkel-Vollkornmehl
- 1 EL Backpulver
- 4 EL Zucker
- Salz
- 2 EL Sesam
- 175 g Soja-Joghurtalternative
- 125 ml ungesüßter Pflanzendrink (z. B. aus Soja oder Hafer)
- 1 EL Zitronensaft und 1 TL fein abgeriebene Schale von 1 Bio-Zitrone
- 25 g Tahin (Sesammus)
- Öl für das Waffeleisen
- Puderzucker, frische Früchte, Sesam (nach Belieben)

### SO GEHT'S

**1** Die Leinsamen mit 90 ml Wasser mischen und ca. 15 Minuten quellen lassen, dabei ab und zu rühren. Inzwischen die Haferflocken im Blitzhacker fein zermahlen. Mit Mehl, Backpulver, Zucker, 1 Prise Salz und Sesam mischen.

**2** Die Soja-Joghurtalternative mit Pflanzendrink, Zitronensaft, Zitronenschale und Tahin glatt rühren. Mit den aufgequollenen Leinsamen unter die Mehlmischung rühren.

**3** Ein Herzwaffeleisen fetten, 1–2 EL Teig in das Waffeleisen geben und goldbraun backen. Herausnehmen und auf ein Kuchengitter legen. Auf die gleiche Weise ca. 8 Waffeln backen. Die Waffeln nach Wunsch mit Puderzucker bestäuben, mit Sesam bestreuen und mit frischen Früchten servieren.

---

### TIPP

**Die kleinen Sesamsamen sind übrigens eine tolle Quelle für Kalzium und dürfen daher regelmäßig auf den veganen Tisch kommen!**

# HIRSE-PORRIDGE

## *mit Dattel-Karamell*

### FÜR 2 PORTIONEN

- 80 g Hirse
- 250 ml Haferdrink oder Pflanzendrink nach Wahl
- 1 TL gemahlener Zimt
- 6 Medjool-Datteln
- 2–3 Tropfen natürliches Vanilleextrakt oder 1 Msp. Vanillemark
- 150 g grüne oder rote Weintrauben
- 30 g Haselnusskerne
- 4 EL Mandel- oder andere pflanzliche Quarkalternative

### SO GEHT'S

**1** Die Hirse in ein feines Sieb geben und unter kaltem Wasser gründlich abspülen. Abtropfen lassen und in einen kleinen Topf geben. Drink und Zimt zugeben, aufkochen und bei kleiner Hitze 15–18 Minuten köcheln lassen. Dabei öfters, vor allem gegen Ende, rühren.

**2** Inzwischen die Datteln entsteinen, in Stücke schneiden und mit 200 ml Wasser in einem kleinen Topf aufkochen, 5 Minuten köcheln lassen, bis das Wasser fast verkocht ist. In ein hohes Mixgefäß geben, Vanille zugeben und fein pürieren.

**3** Die Trauben waschen, trocken tupfen, von den Rispen zupfen und halbieren. Haselnüsse in einer Pfanne ohne Fett rösten, bis sie duften. Nach Wunsch grob hacken. Die Mandel-Quarkalternative unter das Porridge rühren. Das Porridge in eine Schale geben, das Dattel-Karamell darauf verteilen und mit den Trauben und den gehackten Nüssen bestreuen.

---

### TIPP

**Haferdrink lässt sich auch ganz einfach selbst herstellen: Dazu 100 g Haferflocken 1 Stunde in 1 l Wasser einweichen. Anschließend mit 1 Prise Salz pürieren und den Drink durch ein Mulltuch oder ein ganz feines Sieb filtern.**

# TÜRKISCHES
## *Tofu-Rührei*

### FÜR 2 PORTIONEN

- 1 kleine Zwiebel
- 1 Knoblauchzehe
- 3 türkische grüne (Spitz-) Paprika
- 4 EL Olivenöl
- 1 Dose stückige Tomaten (400 g Füllgewicht)
- ¼ TL getrockneter Oregano
- ⅓ TL gemahlener Kreuzkümmel
- ¾–1 TL Pul Biber
- Salz – Pfeffer
- 200 g (fester) Seidentofu
- ¼ TL gemahlene Kurkuma
- ¼ TL Kala Namak (schwarzes Steinsalz)
- ¼ Bund Petersilie
- 1–2 Prisen Zucker

### SO GEHT'S

**1** Zwiebel und Knoblauch schälen und klein würfeln. Die Paprika vierteln, putzen, waschen und quer in schmale, kleine Streifen schneiden. Das Öl in einer beschichteten Pfanne erhitzen. Darin Zwiebel und Knoblauch bei mittlerer Hitze langsam goldgelb und weich dünsten. Die Paprika zugeben und bei mittlerer bis großer Hitze unter Rühren 2–3 Minuten anbraten, dann die stückigen Tomaten unterrühren. Mit Oregano, Kreuzkümmel, Pul Biber, Salz und Pfeffer würzen. Alles offen 10–15 Minuten bei kleiner Hitze köcheln lassen, bis die Paprika weich und die Tomaten leicht eingekocht sind.

**2** Währenddessen den Tofu abgießen, leicht trocken tupfen und mit einer Gabel in gröbere Stücke zerteilen. Vorsichtig mit Kurkuma und Kala Namak mischen. Die Petersilie waschen, trocken schütteln, die Blättchen abzupfen und grob hacken.

**3** Die Tomatenmasse nochmals mit Salz, Pfeffer und Zucker abschmecken. Dann den Tofu darauf verteilen und leicht eindrücken. Einen Deckel auf die Pfanne legen und den Tofu nur eben heiß werden lassen. Mit der Petersilie bestreuen und mit türkischem Fladenbrot servieren.

# SPINAT
## *Tofu-Omelett*

### FÜR 2 PORTIONEN

**Für das Omelett**
- 400 g fester Seidentofu
- 100 g Kichererbsenmehl
- 1 ½ EL Speisestärke
- 1 TL (Weinstein-) Backpulver
- ¾ TL Instant-Gemüsebrühe
- 2 EL Olivenöl
- ⅓–½ TL Kala Namak
- 1 Msp. gemahlene Kurkuma
- Pfeffer
- Pflanzenöl zum Braten

**Für den Spinat**
- 500 g frischer Spinat (alternativ 300 g TK-Blattspinat)
- 1 kleine Knoblauchzehe
- 1 EL Olivenöl
- 1 TL Instant-Gemüsebrühe
- Salz – Pfeffer
- 3 EL Sojacreme Cuisine
- frisch geriebene Muskatnuss

### SO GEHT'S

**1** Den Tofu abtropfen lassen, gut trocken tupfen und mit Kichererbsenmehl, Stärke, Backpulver und Instant-Gemüsebrühe in ein hohes Mixgefäß geben. Alles mit dem Stabmixer gründlich durchmixen, bis ein dickflüssiger Teig entstanden ist. Das Olivenöl und gegebenenfalls 2–3 EL Wasser untermixen, mit Kala Namak, Kurkuma und Pfeffer würzen. Den Teig kurz quellen lassen.

**2** Inzwischen den Spinat waschen, verlesen, putzen und trocken schleudern. TK-Spinat auftauen lassen. Knoblauch schälen und in Scheiben schneiden. Das Öl in einem großen Topf erhitzen und den Knoblauch darin andünsten. Den Spinat dazugeben und bei hoher Hitze unter Wenden zusammenfallen lassen. Mit Instant-Gemüsebrühe, Salz und Pfeffer würzen. Zum Schluss die Sojacreme Cuisine zugeben und mit Muskatnuss würzen, warm halten.

**3** Zwei beschichtete Pfannen mit wenig Öl erhitzen. Jeweils die Hälfte Omelett-Teig hineingeben und zügig verteilen. Bei mittlerer Hitze zugedeckt garen, bis das Omelett unten gebräunt und obenauf fest ist. Auf zwei Teller gleiten lassen. Den Spinat abtropfen lassen, die Knoblauchscheiben dabei nach Bedarf entfernen. Den Spinat auf die Omeletts geben. Omeletts zusammenklappen und servieren.

### TIPP

**Festen Seidentofu bekommt man im Asienladen oder im gut sortierten Supermarkt. Wer keinen findet, kann auch normalen Seidentofu nehmen. Diesen gut in einem feinen Sieb abtropfen lassen und eventuell etwas mehr Stärke nehmen.**

# NUSSIGES
## *Vollkornbrot*

### FÜR CA. 16 SCHEIBEN

- Fett und Mehl für die Form
- 150 g Nusskerne (z. B. Hasel- und Walnusskerne)
- 42 g Hefe (1 Würfel)
- 1 TL Zucker
- 500 g Dinkelvollkornmehl
- 2 leicht gehäufte TL Salz
- 2 EL Apfelessig

### SO GEHT'S

**1** Den Backofen auf 225 °C Ober-/Unterhitze (200 °C Umluft) vorheizen. Eine Kastenform (25 cm Länge) einfetten und mit Mehl bestäuben. Die Nüsse grob hacken. Die Hefe zerbröseln, den Zucker zugeben und 500 ml lauwarmes Wasser hinzufügen. Verrühren, bis sich Hefe und Zucker im Wasser aufgelöst haben.

**2** Dinkelvollkornmehl und Salz in einer Rührschüssel mischen. Hefe-Wasser, Essig und Nüsse zugeben und mit den Knethaken des Handrührgerätes unterkneten. Ca. 3 Minuten weiterkneten, bis ein gleichmäßiger, relativ flüssiger Teig entstanden ist.

**3** Den Teig sofort in die vorbereitete Form geben und im heißen Ofen (Mitte) ca. 35 Minuten backen. Das Brot noch ca. 5 Minuten im ausgeschalteten Ofen ruhen lassen, dann herausnehmen. Das Brot vom Rand lösen, aus der Form stürzen und auf einem Kuchengitter auskühlen lassen. Das Brot lässt sich in Scheiben geschnitten prima einfrieren und bei Bedarf im Toaster schnell aufbacken.

# AVOCADO-
## Schnitte

### FÜR 2 PORTIONEN

- 1 vorgegarte Rote-Bete-Knolle (ca. 75 g; selbstgegart oder Fertigprodukt)
- 2 gestrichene TL Soja-Quarkalternative
- Salz – Pfeffer
- 1 Msp. gemahlener Kreuzkümmel
- 1 TL Mandelblättchen
- 1 nicht zu weiche, mittelgroße Avocado (ca. 260 g)
- Zitronensaft zum Beträufeln
- 2 Scheiben Vollkornbrot (à ca. 60 g)

### SO GEHT'S

**1** Die Rote Bete grob würfeln und mit der Soja-Quarkalternative in ein hohes Mixgefäß oder einen Standmixer geben, fein pürieren und mit Salz, Pfeffer und Kreuzkümmel abschmecken.

**2** Die Mandelblättchen in einer Pfanne ohne Fett rösten, bis sie duften. Herausnehmen und abkühlen lassen. Inzwischen die Avocado halbieren und den Kern und die Schale entfernen. Jede Avocadohälfte quer in 2–3 mm dünne Scheiben schneiden. Die Scheiben vorsichtig fächerförmig auseinanderziehen und den entstehenden Avocadostrang zu einer Spirale einrollen. Mit dem Zitronensaft beträufeln und leicht salzen.

**3** Die Brote nach Belieben toasten und jeweils die Hälfte der Rote-Bete-Creme darauf verteilen. Die Avocado-Rosen mithilfe eines Tortenhebers vorsichtig auf die Brote setzen. In die Mitte der „Rosen" jeweils die Hälfte der Mandelblättchen streuen.

# KICHERERBSEN-
## Salat-Sandwich

### FÜR 2 PORTIONEN

- 1 Dose Kichererbsen (ca. 260 g Abtropfgewicht)
- 30 g Sonnenblumenkerne
- 2 Frühlingszwiebeln
- 2 Stangen Staudensellerie
- ½ Bund Dill
- 50 g vegane Mayonnaise (aus dem Glas)
- ½ TL Senf
- ½ TL Ahornsirup
- 1 Spritzer Zitronensaft
- 1 Prise gemahlene Kurkuma
- ½ TL Kala Namak
- Pfeffer
- 4 Scheiben Vollkornbrot
- Salatblätter

### SO GEHT'S

**1** Die Kichererbsen abgießen (Flüssigkeit evtl. auffangen) und abtropfen lassen. Die Sonnenblumenkerne in einer Pfanne ohne Fett rösten, bis sie duften, dann herausnehmen. Die Frühlingszwiebeln putzen, waschen und fein hacken. Den Sellerie putzen, entfädeln, waschen und fein schneiden. Den Dill waschen, trocken schütteln, die Spitzen abzupfen und fein hacken.

**2** Die Kichererbsen in einer Schüssel mit einem Kartoffelstampfer oder einer Gabel zerdrücken. Mayonnaise, Senf, Ahornsirup, Zitronensaft und Kurkumapulver zugeben und untermischen. Sonnenblumenkerne, Frühlingszwiebeln, Sellerie und Dill zugeben und unterheben. Mit Kala Namak und Pfeffer abschmecken.

**3** Die Brotscheiben nach Belieben toasten und mit den gewaschenen und abgetropften Salatblättern belegen. Den Kichererbsensalat darauf verteilen und servieren.

---

### TIPP

**Der Kichererbsensalat lässt sich gut vorbereiten und bleibt abgedeckt im Kühlschrank ca. 3 Tage frisch.**

# AMARANT-CRACKER

## *mit Kichererbsen-Dip*

### FÜR 1 BLECH

- 100 g Amarantmehl
- 130 g Kichererbsenmehl
- 3 EL geschroteter Leinsamen
- 1 TL getrockneter Thymian
- 4 EL Sesam
- 3 EL Amarant-Pops
- 2 EL Olivenöl
- Salz
- 2 EL Zitronensaft
- 2 EL Tahin
- ½ TL gemahlener Kreuzkümmel
- Pfeffer, frisch gemahlen

### SO GEHT'S

**1** Den Backofen auf 160 °C vorheizen und ein Backblech mit Backpapier belegen. Für die Cracker das Amarantmehl mit 50 g Kichererbsenmehl, Leinsamen, Thymian, Sesam, Amarant-Pops, 1 EL Olivenöl, 1 TL Salz und 150 ml Wasser verrühren. Den Teig zwischen Backpapier und Frischhaltefolie mit einem Nudelholz möglichst dünn ausrollen und mit dem Backpapier auf das Backblech legen. Im heißen Ofen (Mitte) 15 Minuten backen, dann mit einem Messer in Rauten oder Quadrate schneiden und weitere 10–20 Minuten backen, bis die Cracker fast getrocknet, aber noch nicht zu dunkel sind. Dann den Ofen ausschalten und die Cracker weitere 10 Minuten darin trocknen lassen, dabei die Tür einen Spalt öffnen. Anschließend herausnehmen, vollständig auskühlen lassen und an den eingeschnittenen Linien in Stücke brechen.

**2** Für den Dip das restliche Kichererbsenmehl in 200–250 ml kochendes Wasser rühren, kurz quellen lassen und mit dem übrigen Olivenöl, Zitronensaft, Tahin und Kreuzkümmel mischen. Mit Salz und Pfeffer würzen und zu den Crackern servieren.

---

### TIPP

**In den Supermärkten gibt es immer öfter auch andere Mehle aus verschiedensten Hülsenfrüchten. Statt mit Kichererbsenmehl kann man den Dip auch mit Mehl aus grünen Erbsen oder roten Linsen zubereiten. Als Gewürz passt zu den grünen Erbsen etwas Paprikapulver besonders gut, zu den roten Linsen schmeckt Currypulver oder auch Cayennepfeffer.**

# SOMMERROLLEN

## *mit Erdnuss-Dip*

### FÜR 2 PORTIONEN

**Für den Dip**

- 1 haselnussgroßes Stück Ingwer
- 50 g ungesüßtes Erdnussmus
- 50 ml Kokoswasser
- 1 EL Sojasauce
- 1 TL Ahornsirup
- 1–2 EL Limettensaft
- Sambal Oelek (nach Belieben)

**Für die Sommerrollen**

- 8 Stängel Kräuter (Thai-Basilikum, Minze, Koriander – nach Belieben)
- 150 g Salatgurke
- 1 Möhre
- 2 Frühlingszwiebeln
- 25 g Baby-Spinat
- 100 g Natur-Tofu
- 10 runde Reispapierblätter (ca. 50 g; à ca. 15 cm Durchmesser; aus dem Asienladen oder gut sortierten Supermarkt)

### SO GEHT'S

**1** Für den Dip den Ingwer schälen und in Stücke schneiden. Mit Erdnussmus, Kokoswasser, Sojasauce, Ahornsirup und Limettensaft in ein hohes Mixgefäß geben und cremig pürieren. Nach Belieben mit etwas Sambal Oelek abschmecken, in 2 Schälchen füllen und beiseitestellen.

**2** Für die Sommerrollen die Kräuter waschen, trocken schütteln und die Blätter von den Stielen zupfen. Die Gurke schälen, vierteln, die Kerne mit einem Löffel herauskratzen und in dünne Streifen schneiden. Die Möhre putzen, waschen und grob raspeln. Die Frühlingszwiebeln putzen, waschen und in schmale Ringe schneiden. Den Spinat waschen und trocken schütteln. Den Tofu zwischen zwei Lagen Küchenpapier gut ausdrücken, dann in Stifte schneiden.

**3** Eine flache Schale mit Wasser und ein sauberes Küchentuch bereitstellen. Nacheinander je 1 Reispapierblatt im Wasser einweichen, bis es weich und biegsam wird. Zum Abtropfen auf das Küchentuch legen. Ein paar Kräuter dekorativ auf dem Reispapier verteilen. Mit je einem Zehntel der übrigen vorbereiteten Zutaten belegen. Die Seiten des Papiers etwas über die Füllung schlagen, dann aufrollen. Aus den restlichen Zutaten auf die gleiche Weise 9 weitere Rollen zubereiten. Mit dem Erdnuss-Dip servieren.

# HOT GREEN
## Thai-Curry

### FÜR 2 PERSONEN

- 1 kleine Zucchini
- 50 g Zuckerschoten
- 1 rote Paprika
- 200 g Mini-Maiskölbchen
- 4 gelbe oder grüne Thai-Auberginen (aus dem Asienladen, nach Belieben)
- 250 ml Kokosmilch
- 1–½ EL grüne Thai-Currypaste (gekauft oder selbstgemacht)
- 100 ml Gemüsebrühe
- 2 EL Sojasauce
- 6 Kaffir-Limettenblätter
- Salz
- 4 Stängel Thai-Basilikum
- 2–3 EL Limettensaft
- ½ TL Rohrohzucker

### SO GEHT'S

**1** Zucchini und Zuckerschoten waschen und putzen. Zucchini längs halbieren und in ca. 5 mm dicke Scheiben schneiden, Zuckerschoten schräg halbieren. Die Paprika halbieren, putzen, waschen und in 2 cm große Stücke schneiden. Die Maiskölbchen schräg halbieren. Die Thai-Auberginen waschen, putzen und vierteln.

**2** Von der Kokosmilch den dicken Rahm obenauf abnehmen und mit der Currypaste in einen Topf geben. Richtig heiß werden lassen und unter Rühren braten, bis alle Flüssigkeit verdampft ist und sich das Fett aus dem Kokosrahm löst. Mit Kokosmilch und Gemüsebrühe ablöschen. Sojasauce, Kaffir-Limettenblätter und das Gemüse bis auf die Zuckerschoten unterrühren, salzen und zugedeckt bei mittlerer Hitze 15 Minuten garen. Die Zuckerschoten dazugeben und das Curry nochmals 5–7 Minuten offen garen.

**3** Inzwischen das Basilikum waschen, die Blätter abzupfen. Das Curry mit Limettensaft, Zucker und eventuell Salz abschmecken. Einen Teil des Basilikums unterrühren, den Rest darüberstreuen. Das Curry mit Jasmin- oder Duftreis servieren.

### TIPP

**Wer möchte, kann die Currypaste selbst machen: Dazu 4 Schalotten, 25 g frischen Ingwer und 2 Knoblauchzehen schälen und grob zerschneiden. 5 grüne Chilischoten waschen und mit den Kernen grob zerschneiden. Den unteren dicken Teil (10–12 cm) von 4 Stängeln Zitronengras putzen und fein hacken. Alles mit 4 EL neutralem Öl und 4 EL Limettensaft im Blitzhacker fein pürieren. Mit Salz, ¾ TL gemahlenem Kreuzkümmel und 3 Msp. gemahlener Kurkuma würzen.**

# KUNTERBUNTER *Brotsalat*

## FÜR 2 PERSONEN

- 100 g altbackenes Baguette oder Fladenbrot (vom Vortag)
- 3 EL Pinienkerne
- 400 g (Fleisch-)Tomaten
- 1 rote Zwiebel
- 1 reifer, fester Pfirsich
- 100 g Johannisbeeren
- 1 Bund Rucola
- 1 Bund Basilikum
- 1 TL Ahornsirup
- 3 EL Rotweinessig
- 5 EL Olivenöl
- Salz – Pfeffer

## SO GEHT'S

**1** Den Backofen auf 200 °C (Ober-/Unterhitze) vorheizen. Das Brot in 2–3 cm große Würfel schneiden, auf ein mit Backpapier ausgelegtes Backblech legen und im heißen Ofen in 10–15 Minuten hellbraun knusprig rösten, herausnehmen und abkühlen lassen.

**2** Währenddessen die Pinienkerne in einer Pfanne ohne Fett goldbraun rösten, dann abkühlen lassen. Die Tomaten waschen und in mundgerechte Stücke oder Würfel schneiden, dabei den Stielansatz entfernen und den Saft auffangen. Zwiebel schälen und grob würfeln. Den Pfirsich waschen, halbieren, den Stein entfernen und die Hälften in Würfel oder Spalten schneiden. Die Johannisbeeren waschen und die Beeren von den Rispen streifen. Rucola und Basilikum waschen und trocken schütteln. Vom Rucola die groben Stiele wegschneiden und vom Basilikum die Blättchen abzupfen. Beides grob zerzupfen.

**3** Den aufgefangenen Tomatensaft, Ahornsirup, Essig und Öl gründlich verrühren und mit Salz und Pfeffer würzen. Alle Zutaten (ein paar Pinienkerne und etwas Basilikum beiseitelegen) vorsichtig mit dem Dressing mischen, ca. 10 Minuten ziehen lassen, dann mit den übrigen Pinienkernen und dem übrigen Basilikum bestreuen.

# SPAGHETTI

## *mit Gemüse-Soja-Bolognese*

### FÜR 2 PERSONEN

- 1 kleine Zwiebel
- 1 Knoblauchzehe
- 2 Möhren
- 100 g Knollensellerie
- 200 g braune Champignons
- 3 EL Olivenöl
- 1 Packung Soja-Hackfleisch-alternative (180 g)
- Salz – Pfeffer
- 1 TL getrockneter Thymian
- 1 Dose stückige Tomaten (400 g Füllgewicht)
- 200 g Vollkorn-Spaghetti

### SO GEHT'S

**1** Zwiebel und Knoblauch schälen und fein würfeln. Möhren und Sellerie putzen und schälen, in kleine Würfel schneiden. Pilze putzen, vierteln und im Blitzhacker portionsweise klein hacken.

**2** 2 EL Öl in einer tiefen Pfanne erhitzen. Das Soja-„Hack" darin unter Wenden nach Packungsanweisung krümelig anbraten. Mit Salz und Pfeffer würzen und herausnehmen.

**3** 1 EL Öl in die Pfanne geben. Die gehackten Champignons zugeben, salzen und unter Wenden bei starker Hitze ca. 5 Minuten kräftig anbraten. Am Ende Zwiebel und Knoblauch hinzufügen und mitbraten. Möhren- und Selleriewürfel zugeben und alles weitere 2–3 Minuten braten. Mit dem Thymian würzen, dann das Soja-„Hack" zurück in die Pfanne geben. Nun auch die Tomaten hinzufügen, aufkochen und bei mittlerer Hitze ca. 20 Minuten köcheln lassen. Dabei nach und nach noch 100–150 ml Wasser zugeben. Die Sauce mit Salz und Pfeffer abschmecken.

**4** Inzwischen die Nudeln nach Packungsanweisung in Salzwasser garen. Die Nudeln abgießen und abtropfen lassen. Nudeln mit der Sauce servieren.

# BOHNEN
## Kakao-Bowl

### FÜR 2 PERSONEN

**Für die Bohnen**
- 1 rote Zwiebel
- 2 Knoblauchzehen
- 3 Möhren
- 1 gelbe Paprika
- 1 Zitrone
- 2 EL Kokosöl
- ¼ TL Chiliflocken
- 1 TL Kümmelsamen
- 1 EL edelsüßes Paprikapulver
- Salz – Pfeffer
- 1 TL getrockneter Oregano
- 1 Dose passierte Tomaten (400 g Füllgewicht)
- 1 TL Ahornsirup
- 1 EL Backkakao
- 1 Dose weiße Bohnen (ca. 240 g Abtropfgewicht)

**Außerdem**
- 100 g Couscous
- Salz
- ¼ Bund Petersilie
- 2 EL Sesam

### SO GEHT'S

**1** Die Zwiebel und den Knoblauch schälen und fein hacken. Die Möhren putzen und schälen. Die Paprika halbieren, putzen und waschen. Beides in kleine Würfel schneiden. Die Zitrone auspressen.

**2** Das Kokosöl in einem Topf erhitzen. Die Gewürze hinzufügen und etwa 2 Minuten rösten. Anschließend mit Zitronensaft und 50 ml Wasser ablöschen. Passierte Tomaten, Ahornsirup, Backkakao und das Gemüse hinzugeben und alles aufkochen lassen.

**3** In der Zwischenzeit die Bohnen abgießen, abspülen, abtropfen lassen und zum Chili geben. Anschließend alles für weitere 10 Minuten köcheln lassen.

**4** Für den Couscous 200 ml Salzwasser in einem Topf zum Kochen bringen. Den Couscous in eine hitzebeständige Schüssel geben, mit dem kochenden Wasser übergießen und 5–10 Minuten quellen lassen.

**5** Die Petersilie waschen, trocken schütteln und die Blättchen abzupfen. Den Couscous auf zwei tiefe Teller aufteilen, dann den Bohnen-Kakao-Eintopf darübergeben und mit Petersilie und Sesam garnieren.

### TIPP

**Anstelle des Couscous kann auch eine glutenfreie Alternative wie z. B. Quinoa und im Herbst anstelle der Möhren ein ¼ Hokkaido-Kürbis verwendet werden.**

# GURKENSALAT

## *mit Erdnuss-Tofu-Würfeln*

### FÜR 2 PERSONEN

**Für den Tofu**
- 100 g Tofu
- 1 TL getrocknetes Zitronengras
- ½ TL Knoblauchpulver
- 1 Msp. Chiliflocken
- 1 TL Sojasauce
- 2 TL Erdnussmus
- 2 TL Sesamöl zum Braten

**Für den Salat**
- 1 großes Stück frischer Ingwer (ca. 2 cm)
- 2 EL Olivenöl zum Braten
- 2 Salatgurken
- 6 große Salatblätter

**Für das Dressing**
- 2 EL Reisessig
- 1 TL Reissirup
- 1 TL Sesamöl
- 1 Msp. Knoblauchpulver
- Salz

**Außerdem**
- 2 TL schwarzer Sesam

### SO GEHT'S

**1** Den Tofu abtropfen lassen und in Würfel schneiden. Für die Marinade Zitronengras, Knoblauchpulver, Chili, Sojasauce und Erdnussmus in einer Schüssel miteinander verrühren und den Tofu damit gut marinieren, sodass er ringsum bedeckt ist. Dann das Öl in einer Pfanne erhitzen und den Tofu bei mittlerer Hitze 2–3 Minuten knusprig braten.

**2** Den Ingwer schälen und in dünne Scheiben schneiden oder hobeln. In einer kleinen Pfanne das Olivenöl erhitzen und die Ingwerscheiben darin bei hoher Hitze frittieren.

**3** Die Gurken putzen und waschen. Für die Deko etwa ein Drittel einer Gurke auf der Gemüsereibe oder mit einem Spiralschneider (Julienne) in feine Streifen hobeln. Die übrigen Gurken in dünne Scheiben schneiden oder hobeln. Die Salatblätter waschen, trocken schütteln und eventuell grob zerzupfen.

**4** Für das Dressing alle Zutaten mit 1 Prise Salz sowie 2 EL Wasser verquirlen.

**5** Den Salat auf zwei Teller verteilen, darauf die Gurkenscheiben und den gebratenen Tofu geben. Die Gurken-Zoodles mit einer Gabel eindrehen und gemeinsam mit den frittierten Ingwerscheiben auf dem Salat platzieren. Abschließend mit schwarzem Sesam bestreuen und mit dem Dressing beträufeln.

# VEGGIE FRIED NOODLES

## *mit Sojaschnetzel*

### FÜR 4 PERSONEN

- ca. 400 ml Gemüsebrühe
- 100 g feine Sojaschnetzel
- 150 g Mie-Nudeln
- 1 kleine Stange Lauch
- 2 Möhren
- 200 g kleine Champignons
- 4 Frühlingszwiebeln
- 1 Knoblauchzehe
- 20 g frischer Ingwer
- 4 EL Sojasauce
- 1-1 ⅓ TL Chilisauce (z. B. Sriracha)
- Pflanzenöl zum Braten
- 3 TL geröstetes Sesamöl

### SO GEHT'S

**1** In einem Topf 300 ml Gemüsebrühe aufkochen. Sojaschnetzel einrühren und zugedeckt auf kleinster Stufe 10 Minuten quellen lassen. Die Nudeln nach Packungsanweisung mit heißem Wasser übergießen, ziehen lassen, dabei auflockern, anschließend in ein Sieb gießen und abtropfen lassen.

**2** Inzwischen den Lauch putzen, längs halbieren, gut waschen und die Hälften quer in schmale Streifen schneiden. Die Möhren schälen und in dünne Streifen (Julienne) schneiden. Die Champignons putzen und quer in ca. 3 mm dicke Scheiben schneiden. Die Frühlingszwiebeln putzen, waschen, den weißen Teil in 4 cm lange Stücke schneiden, den grünen in dickere Ringe. Knoblauch und Ingwer schälen und fein würfeln. Sojasauce mit Chilisauce und 2 EL Gemüsebrühe verrühren.

**3** In einem Wok oder einer beschichteten Pfanne reichlich Öl erhitzen. Darin die weißen Zwiebelstücke, Möhren und Lauch bei großer Hitze unter Rühren anbraten. Pilze, Knoblauch und Ingwer zugeben und unter Rühren weiterbraten, bis das Gemüse bräunt und Röstaromen entwickelt. Mit übriger Gemüsebrühe (100 ml) ablöschen. Sojaschnetzel unterrühren und auf niedriger Hitze unter Rühren 1–2 Minuten braten, bis die Flüssigkeit verdampft ist.

**4** Die Würzsauce unterrühren, sofort die Nudeln und etwa die Hälfte Zwiebelgrün unterheben und mit Sesamöl beträufeln. 1–2 Minuten unter vorsichtigem Rühren weitergaren, bis die Nudeln heiß sind und sich gut mit den übrigem Zutaten verbunden haben. Die Fried Noodles auf Teller verteilen und mit Zwiebelgrün bestreuen.

# SÜSSKARTOFFEL-
## *Salat*

### FÜR 2 PERSONEN

**Für den Salat**
- 400 g Süßkartoffeln
- 1 rote Zwiebel
- 2 gelbe Paprikaschoten
- 2 EL Olivenöl
- Salz – Pfeffer
- 50 g Rucola

**Für das Dressing**
- 1 kleine Knoblauchzehe
- 50 g gegarte Kichererbsen (aus der Dose)
- 2 EL Olivenöl
- 1 EL Zitronensaft
- gemahlener Kreuzkümmel (Kumin)
- 1 leicht gehäufter EL (25 g) Soja-Joghurtalternative
- Salz – Pfeffer

### SO GEHT'S

**1** Den Backofen auf 225 °C (Ober-/Unterhitze) vorheizen. Die Süßkartoffeln schälen und in ca. 2 cm große Stücke schneiden. Die Zwiebel schälen und in schmale Spalten schneiden. Die Paprika halbieren, putzen, waschen und in Würfel schneiden. Alle vorbereiteten Zutaten mit dem Öl mischen, mit Salz und Pfeffer würzen und auf einem mit Backpapier ausgelegten Blech verteilen. Im heißen Ofen (Mitte) 25–30 Minuten rösten.

**2** Inzwischen für das Dressing den Knoblauch schälen und halbieren. Mit Kichererbsen, Öl, Zitronensaft, 2 EL Wasser und Kreuzkümmel in ein hohes Mixgefäß oder einen Standmixer geben und cremig pürieren. Bei Bedarf noch etwas mehr Wasser untermixen. Die Soja-Joghurtalternative mit einem Löffel unterrühren. Mit Salz und Pfeffer abschmecken.

**3** Das Gemüse aus dem Ofen nehmen. Den Rucola waschen, trocken schütteln und grobe Stiele entfernen. Das lauwarme Röstgemüse mit dem Rucola mischen. Das Dressing darüberträufeln und vorsichtig untermischen. Lauwarm servieren.

# PAPRIKA-FAJITAS

## *mit Mandelcrema*

### FÜR 4 PERSONEN

**Für die Fajitas**

- 3 Paprika (rot und gelb)
- 1 Knoblauchzehe
- Pflanzenöl zum Braten
- ½ Bund Koriandergrün
- 1 EL Ahornsirup
- ½ TL gemahlener Kreuzkümmel
- ⅓ TL getrockneter Oregano
- ¾–1 TL Pimentón de la vera
- 3–4 Msp. Chilipulver
- Salz – Pfeffer
- 1 EL Weißweinessig
- 4 Weizentortillas

**Für die Crema**

- 3 EL weißes Mandelmus
- 5–7 EL Mandelcreme Cuisine
- ⅓ TL getrockneter Thymian
- 2–3 EL Zitronensaft
- 3 Msp. Pimentón de la vera
- Salz – Pfeffer

### SO GEHT'S

**1** Paprika halbieren, putzen, waschen, dann in schmale Streifen schneiden. Den Knoblauch schälen und fein hacken. In einer beschichteten Pfanne ausreichend Öl stark erhitzen. Paprika darin anbraten, bis die Paprikastreifen an den Rändern leicht bräunen. Währenddessen Koriandergrün waschen, trocken schütteln, Blättchen abzupfen und grob hacken.

**2** Die Hitze reduzieren, den Knoblauch zugeben und kurz mitdünsten. Den Ahornsirup unterrühren und alles unter Rühren 2–3 Minuten bei mittlerer Hitze braten. Mit Kreuzkümmel, Oregano, Pimentón de la vera, Chili, Salz und Pfeffer würzen und 4–5 EL Wasser zugeben. Zugedeckt dünsten, bis die Paprikaschoten weich sind, aber noch etwas Biss haben, gegebenenfalls nochmals wenig Wasser zugeben. Mit Essig ablöschen und offen nochmals 2–3 Minuten garen, bis der starke Essiggeschmack verflogen ist.

**3** Inzwischen für die Crema das Mandelmus mit 4 EL Mandelsahne in ein hohes Mixgefäß geben. Den Thymian zwischen den Fingern zerreiben und Zitronensaft und Pimentón de la vera zugeben. Alles mit dem Stabmixer fein pürieren, dabei je nach gewünschter Konsistenz noch etwas Mandelsahne untermixen. Mit Salz und Pfeffer würzen.

**4** Die Tortillafladen nach Packungsanleitung erwärmen. Die Paprika nochmals durchrühren und einen Großteil des Koriandergrüns unterheben, dann längs in einem Streifen auf den Fladen verteilen. Die Crema daraufgeben und mit dem übrigem Koriandergrün bestreuen, dann die Fladen aufrollen oder zusammenklappen.

# KÜRBIS-RISOTTO

## *mit Feigen und Walnüssen*

### FÜR 4 PORTIONEN

**Für das Risotto**
- 250 g Hokkaido-Kürbis
- 4 EL Olivenöl
- 1 rote Zwiebel
- 200 g Risottoreis
- 475 ml Weißwein (alternativ Aceto balsamico bianco)
- 2 TL Gemüsebrühe (Pulver)
- 2 EL Hefeflocken
- 4 getrocknete Feigen
- 40 g Walnusskerne

**Außerdem**
- 1 frische Feige
- Gartenkresse

### SO GEHT'S

**1** Den Backofen auf 180 °C (Ober-/Unterhitze) vorheizen und ein Backblech mit Backpapier auslegen. Den Kürbis halbieren, entkernen, das Fruchtfleisch klein würfeln und in eine ofenfeste Auflaufform geben. Mit 2 EL Olivenöl vermengen und im heißen Ofen (Mitte) 20–30 Minuten garen.

**2** Inzwischen die Zwiebel schälen und fein hacken. Den Risottoreis in ein feinmaschiges Sieb geben und so lange mit Wasser abspülen, bis es klar ist. Das restliche Olivenöl in einem Topf erhitzen, die Zwiebel darin 2–3 Minuten andünsten. Dann den Reis hinzugeben, glasig anbraten und anschließend mit etwas Weißwein ablöschen. Nach ca. 2 Minuten 100 ml Wasser, Gemüsebrühe und Hefeflocken hinzufügen. Nach und nach etwa 350 ml Weißwein zugießen und bei niedriger Hitze köcheln lassen, bis das Risotto die gewünschte Konsistenz erreicht hat.

**3** Währenddessen die getrockneten Feigen in kleine Würfel schneiden und die Walnüsse grob hacken. Kurz vor Ende der Kochzeit Feigen, Walnüsse und Kürbiswürfel zum Risotto geben und alles vermengen.

**4** Die frische Feige waschen und in feine Spalten schneiden. Das Risotto auf zwei Schüsseln verteilen und vor dem Servieren mit den frischen Feigenspalten und etwas Gartenkresse garnieren

# FRUCHTIGER
## Sommersalat

### FÜR 2 PERSONEN

- 200 g Rucola
- ½ Salatgurke
- 1 Pfirsich
- 50 g Heidelbeeren
- 50 g Stachelbeeren
- 25 g Mandeln
- 2 EL Aceto balsamico bianco
- 2 EL Olivenöl
- 1 TL Ahornsirup
- Salz
- frische Gartenkräuter (z. B. Gartenkresse, Petersilie, Basilikum)

### SO GEHT'S

**1** Den Rucola waschen, trocken schleudern und zerzupfen. Die Gurke putzen, waschen und auf einer Gemüsereibe in feine Scheiben hobeln. Den Pfirsich waschen, halbieren, den Stein entfernen und in dünne Spalten schneiden. Die Beeren verlesen, waschen, vorsichtig trocken tupfen und halbieren. Die Mandeln grob hacken.

**2** Für das Dressing den Balsamico mit Olivenöl, Ahornsirup, 1 Prise Salz und 3 EL Wasser verrühren.

**3** Die Kräuter waschen, trocken schütteln und ggf. die Blättchen abzupfen. Rucola, Gurkenscheiben, Pfirsichspalten und Beeren auf zwei Schüsseln verteilen. Die gehackten Mandeln darüberstreuen, alles mit dem Dressing beträufeln und mit den Kräutern bestreuen.

---

### TIPP

**Im Herbst runden Walnüsse anstelle der Mandeln den Geschmack dieser bunten Kreation ab, aber auch andere saisonale Früchte wie Erdbeeren im Frühling oder Birnenspalten im Herbst bieten eine abwechslungsreiche Alternative zu dem verwendeten Obst.**

# ERDBEER-MANDEL
## *Pannacotta*

### FÜR 4 PERSONEN

**Für die Pannacotta**
- ½ Vanilleschote
- 2 EL weißes Mandelmus (Glas)
- 100 ml Mandeldrink
- 400 ml Mandelcreme Cuisine
- 70 g Zucker (alternativ 50 ml Agavendicksaft)
- 1 TL Agar-Agar
- 2 EL Amarettolikör (alternativ 2–3 Tropfen Bittermandelaroma)

**Für die Erdbeersauce**
- ½ Vanilleschote
- 250 g Erdbeeren (alternativ TK-Erbeeren)
- 1 TL Zucker (alternativ Agavendicksaft)

**Außerdem**
- 125 frische Beeren (nach Belieben)
- 40 g Pistazienkerne

### SO GEHT'S

**1** Für die Pannacotta die Vanilleschote mit einem spitzen Messer aufschlitzen und das Mark herauskratzen. Beides mit Mandelmus, Mandeldrink und -creme, Zucker oder Agavendicksaft in einen Topf geben. Agar-Agar unterrühren und alles unter Rühren zum Kochen bringen. Etwa 2 Minuten köcheln lassen, dann den Amaretto oder das Bittermandelaroma unterrühren.

**2** Die Vanilleschote herausnehmen, die Masse in 4 Förmchen (à 150 ml) füllen und abkühlen lassen. Die Förmchen mit der abgekühlten Creme mit Frischhaltefolie verschließen und die Creme 4–6 Stunden im Kühlschrank fest werden lassen.

**3** Für die Erdbeersauce die Vanilleschote mit einem spitzen Messer aufschlitzen und das Mark herauskratzen. Die Erdbeeren waschen, putzen und klein schneiden. Mit dem Vanillemark, Zucker oder Agavendicksaft fein pürieren. Die frischen Beeren vorsichtig waschen und trocken tupfen. Die Pistazien mit einem großen Messer hacken.

**4** Pannacotta mit einem spitzen Messer vom Rand der Förmchen lösen und auf Dessertteller oder -schalen stürzen. Mit der Sauce und den frischen Beeren anrichten, mit Pistazien bestreuen.

---

### TIPP

**Bei Agar-Agar empfiehlt es sich, eine Gelierprobe zu machen. Einen Tropfen der gekochten Masse auf einen kalten Teller geben. Nach 2–3 Minuten sollte sie fest sein. Falls nicht, die Masse gegebenenfalls noch kurz weiterkochen und die Probe wiederholen.**

# SCHNELLES
## *Tiramisu*

### FÜR 5 PERSONEN

- 1 Dose Kichererbsen (ca. 260 g Abtropfgewicht)
- 70 g Zucker
- 300 g ungesüßte Kokos-Joghurtalternative
- 250 g vegane Kekse
- 100 ml kalter Espresso
- 3 EL Amaretto
- 2 TL Kakaopulver

### SO GEHT'S

**1** Die Kichererbsen in ein Sieb abgießen, die Einlegeflüssigkeit (ca. 180 ml) dabei auffangen. Die Kichererbsen anderweitig verwenden. Die Kichererbsenflüssigkeit mit den Schneebesen des Handrührgeräts steif schlagen, dabei am Ende den Zucker langsam einrieseln lassen und unterschlagen. Die Kokos-Joghurtalternative in einer Rührschüssel glatt rühren. Kichererbsen-Schaum zugeben und mit einem Spatel vorsichtig unterheben.

**2** Die Kekse in ca. 1 cm große Stücke brechen. Den Espresso und den Amaretto verrühren, die Kekse zugeben und untermischen.

**3** Ein Drittel der Creme in 6 Dessertgläser oder 1 Dessertschüssel verteilen. Die Hälfte der Keksmischung daraufgeben. Die Hälfte der übrigen Creme einschichten, übrige Kekse einschichten und mit der restlichen Creme abschließen. Bis zum Servieren kalt stellen. Vor dem Servieren mit Kakaopulver bestreuen.

# BROWNIES

## *mit schwarzen Bohnen*

### FÜR CA. 16 STÜCK

- Fett für die Form
- 50 g gemahlene Haselnusskerne + für die Form
- 200 g vegane Zartbitterschokolade
- 75 g Kokosöl
- 1 Dose schwarze Bohnen (ca. 260 g Abtropfgewicht)
- 1 Tasse (ca. 30 ml) starker Espresso
- 150 g Agavendicksaft
- 2 EL Kakaopulver
- 50 g Dinkelmehl
- 1 TL Backpulver
- Salz

### SO GEHT'S

**1** Den Backofen auf 175 °C (Ober-/Unterhitze) vorheizen. Eine quadratische Springform (24 x 24 cm) einfetten und mit etwas gemahlenen Haselnüssen ausstreuen. Die dunkle Schokolade hacken. 150 g Schokolade zusammen mit dem Kokosöl in einer Schüssel über einem heißen Wasserbad schmelzen. Herunternehmen und etwas abkühlen lassen.

**2** Die Bohnen abgießen, kalt abspülen und gut abtropfen lassen. In ein hohes Mixgefäß oder einen Standmixer geben, den Espresso zugeben und fein pürieren. Die Schokoladenmasse und den Agavendicksaft zugeben und untermixen. 50 g gemahlene Haselnüsse mit Kakao, Mehl und Backpulver in einer Rührschüssel mischen. Das Bohnenpüree zugeben und mit einem Rührlöffel kurz unterrühren, bis alles gerade eben verbunden ist.

**3** Den Teig in die vorbereitete Form geben. Mit übriger Schokolade bestreuen. Im heißen Ofen (Mitte) 25–30 Minuten backen, sodass die Brownies in der Mitte noch leicht feucht sind. In der Form auf einem Kuchengitter auskühlen lassen. Brownies in Stücke schneiden.

# KIWI-TORTE

## *mit weißer Schokomousse*

### FÜR 1 SPRINGFORM (Ø 18 CM)

**Für den Boden**
- 80 g Mehl
- 20 g Speisestärke
- 1 TL Backpulver
- 40 g Zucker
- 1 Prise Salz
- 50 ml Sojadrink
- 50 ml neutrales Pflanzenöl
- 25 ml kohlensäurehaltiges Mineralwasser

**Für den Belag**
- 300 g Soja-Schlagcreme
- 1 Pck. Sahnesteif
- 100 g weiße Reismilch-schokolade
- 3 Kiwis
- 1 Pck. veganer Tortenguss, klar
- 240 ml kaltes Wasser
- 2 EL Zucker

**Außerdem**
- Backpapier für die Form
- verstellbarer Tortenring

### SO GEHT'S

**1** Den Backofen auf 200 °C (Ober-/Unterhitze) vorheizen. Die Springform mit Backpapier auskleiden. Für den Boden aus allen Zutaten einen cremigen Teig rühren. Den Teig in die Springform füllen und bei 200 °C auf der mittleren Schiene etwa 15 Minuten backen.

**2** Aus dem Ofen nehmen. Den Rand der Springform ablösen, den Tortenboden stürzen, vom Backpapier befreien und vollständig abkühlen lassen.

**3** Für den Belag die Schlagcreme mit dem Sahnesteif gut aufschlagen. Die Schokolade bei geringer Hitze im Wasserbad schmelzen und noch warm (nicht heiß!) unter die Creme ziehen. Einige Minuten in den Kühlschrank stellen.

**4** Inzwischen die Kiwis schälen und in etwa ½ cm dünne Scheiben schneiden.

**5** Den Tortenring um den ausgekühlten Boden legen und die Schokocreme gleichmäßig darauf verteilen. Kiwischeiben überlappend kreisförmig, am besten von außen nach innen, auf der Creme anordnen und leicht andrücken.

**6** Tortenguss mit Wasser und Zucker nach Packungsangabe zubereiten und gleichmäßig auf der Kiwischicht verteilen. 3–4 Stunden im Kühlschrank fest werden lassen.

# APFEL
## *Streuselkuchen*

### FÜR 1 BACKBLECH (31 X 38 CM)

- 600 g Mehl
- 3 gestrichene TL Backpulver
- 300 g + 2 EL Zucker
- 300 g zimmerwarme vegane Margarine
- 2 EL neutrales Pflanzenöl
- 1 Prise Salz
- 2–3 Msp. Zimt
- 2 EL frisch gepresster Zitronensaft
- 1,2 kg frische Äpfel
- Puderzucker zum Bestäuben

### SO GEHT'S

**1** Den Backofen auf 180 °C (Ober-/Unterhitze) vorheizen.

**2** Mehl, Backpulver, 300 g Zucker, Margarine, Öl, Salz und Zimt mit den Händen zu einem Streuselteig verkneten. Zwei Drittel des Teigs auf die gesamte Fläche eines Backblechs geben und alles gut andrücken.

**3** 2 EL Zucker und den Zitronensaft in einer Schüssel verrühren. Die Äpfel schälen und vom Kerngehäuse befreien, in Spalten schneiden und sofort in der Zucker-Zitronensaft- Mischung wälzen, damit sie nicht braun werden.

**4** Die Apfelspalten ein wenig trocken tupfen und dicht nebeneinander auf das Kuchenblech legen. Den übrigen Streuselteig darüberkrümeln. Den Kuchen bei 180 °C auf der mittleren Schiene etwa 45 Minuten backen.

**5** Den Streuselkuchen aus dem Ofen nehmen und abkühlen lassen. Zum Schluss mit Puderzucker bestäuben.

# SCHOKO
## *Minz-Torte*

### FÜR 1 SPRINGFORM (Ø 18 CM)

**Für den Boden**
- 180 g Mehl
- 2 TL Backpulver
- 150 g Zucker
- 1 Prise Salz
- 20 g Kakaopulver
- 75 ml neutrales Pflanzenöl
- 175 ml kohlensäurehaltiges Mineralwasser

**Für die Füllung**
- 300 ml Sojadrink
- 25 g veganes Puddingpulver, Sahnegeschmack
- 15 g Zucker
- 175 g vegane Margarine
- 90 g Puderzucker
- 4 cl veganer Minzsirup
- vegane grüne Lebensmittelfarbe

**Außerdem**
- vegane Schokominztäfelchen und 1–2 EL vegane Zartbitterschokolade, fein geraspelt, zum Dekorieren
- Backpapier für die Form

### SO GEHT'S

**1** Für die Füllung aus Sojadrink, Puddingpulver und Zucker einen Pudding nach Packungsangabe zubereiten. 1–2 Stunden abkühlen lassen, gelegentlich umrühren.

**2** Den Backofen auf 200 °C (Ober-/Unterhitze) vorheizen. Die Springform mit Backpapier auslegen. Für den Boden aus allen Zutaten einen cremigen Teig rühren. In die Springform füllen und bei 200 °C auf der mittleren Schiene 35–40 Minuten backen. Aus dem Ofen nehmen, den Rand der Springform ablösen. Stürzen und das Backpapier abziehen. 45 Minuten auskühlen lassen.

**3** Für die Füllung die zimmerwarme Margarine und den Puderzucker schaumig schlagen. Pudding esslöffelweise darunterziehen. Zuletzt Minzsirup und Lebensmittelfarbe einrühren. 1–2 EL der Pudding-Minz-Creme in einen Spritzbeutel mit Sterntülle füllen und kühl stellen, restliche Creme dritteln.

**4** Den Kuchenboden zweimal vorsichtig waagerecht durchschneiden. Um den ersten Boden den Tortenring legen, ersten Teil der Füllung darauf verteilen. Den zweiten Boden darauflegen, leicht andrücken und den zweiten Teil Füllung daraufstreichen. Den letzten Boden aufsetzen und andrücken. 20 Minuten in den Kühlschrank stellen.

**5** Tortenring ablösen. Übrige Creme auf der Torte verteilen; auch die Ränder ein wenig bestreichen. Mit dem Spritzbeutel kleine Tuffs oben rundherum aufspritzen. Die Minztäfelchen ringsum an den Rand kleben und die Torte mit Schokoraspel bestreuen. Nochmals 40 Minuten im Kühlschrank fest werden lassen.

# IMPRESSUM

Bibliografische Information der Deutschen Bibliothek.

Die Deutsche Bibliothek verzeichnet diese Publikation in der Deutschen Nationalbibliografie.

Detaillierte bibliografische Daten sind im Internet über http://www.dnb.de/ abrufbar.



EIN BUCH DER EDITION MICHAEL FISCHER

1. Auflage 2022



Reihengestaltung: Yvonne Witzan
Cover: Emilia Ruppel
Satz: Zoe Mitterhuber
Projektleitung und Lektorat: Johanna Ederer

Texte und Rezepte: Tanja Dusy & Inga Pfannebecker: S. 6-9, 12, 14, 16, 18, 22, 24, 26, 30, 34, 36, 42, 44, 46, 54, 56; Tanja Dusy: S. 20, 32, 52; Dagmar Reichel: S. 28; Jessica Lerchenmüller: S. 38, 40, 48, 50; Kati Neudert: S. 58, 60, 62

Bilder: Lena Pfetzer: Cover, S. 2 (oben), 6, 13, 15, 17, 19, 23, 25, 27, 31, 35, 37, 43, 45, 47, 55, 57; Sabrina Sue Daniels: S. 2 (unten), 29; Jessica Lerchenmüller: S. 3 (oben), 10, 39, 41, 49, 51; Kati Neudert: S.3 (unten), 59, 61, 63; © Natalia Klenova/Shutterstock: S. 4; © funnyangel/Shutterstock: S. 7; © Rimma Bondarenko/Shutterstock: S.9; Julia Hildebrand & Ingolf Hatz: S. 21, 33, 53

ISBN 978-3-7459-0939-5

Gedruckt bei PNB Print SIA „Jansili", Silakrogs, Ropazu novads, LV-2133, Lettland

www.emf-verlag.de